LA VENTAJA COMPARATIVA

La especialización como clave del éxito

Por Jean Blaise Mimbang
En colaboración con Dominique Chariot
Traducido por Marta Sánchez Hidalgo

Economía y empresa   en50MINUTOS.es

LAS CLAVES PARA EL ÉXITO

Adam Smith

El principio de Pareto

El estrés laboral

La pirámide de Maslow

www.en50minutos.es

LA VENTAJA COMPARATIVA   1

Datos clave

Introducción

TEORÍA Y PRESENTACIÓN DEL MODELO   4

Coste de oportunidad

La teoría de la ventaja comparativa en la historia de la economía

Presentación del modelo de la ventaja comparativa de David Ricardo

LÍMITES DEL MODELO Y EXTENSIONES   14

Límites y críticas del modelo

Extensiones y modelos conexos

APLICACIÓN DEL MODELO: EL COMERCIO INTERNACIONAL   18

El comercio internacional a través del tiempo

La división del trabajo y la especialización

Ilustraciones de ganancias en el intercambio: el mercado de coches

Las ventajas del intercambio mercantil

EN RESUMEN   28

PARA IR MÁS ALLÁ   31

LA VENTAJA COMPARATIVA

DATOS CLAVE

- **¿Denominaciones?** Ley de ventaja comparativa o ley de ventaja relativa
- **¿Utilidad?** Justificación del comercio internacional, de la externalización de tareas en las empresas, de la división del trabajo, de la especialización y del intercambio
- **¿Por qué es eficaz?** La teoría ha aportado respuestas a las preguntas que plantea la teoría de la ventaja absoluta de Adam Smith (economista escocés, 1723-1790) y la prueba de que la especialización y el intercambio son mutuamente beneficiosos y fuentes de riqueza. La teoría también da consejos para ser más eficaz y así más productivo
- **¿Palabras clave?**
  - <u>Coste de oportunidad:</u> es a lo que se renuncia cuando se produce una unidad de un bien en unidades de otro bien
  - <u>Ventaja absoluta:</u> ventaja que posee una persona que produce el mismo producto que otro por un rendimiento superior
  - <u>Ventaja relativa:</u> ventaja que posee una persona que registre un bajo coste de producción en relación a un país, una empresa o un hogar
  - <u>Especialización:</u> focalización en la producción de un bien en detrimento de los otros
  - <u>Dotación factorial:</u> medios de los que dispone un país
  - <u>Mercados:</u> estructuras de organización eficaz de la actividad económica en las que los hogares y las em-

presas eligen libremente destinar sus recursos

- ○ Intercambio: acción o hecho de dar un bien y de recibir otro en contrapartida

INTRODUCCIÓN

La especialización y el libre cambio aparecen hoy como la norma de funcionamiento de la economía mundial. Para aprender mejor las motivaciones de las interacciones entre los agentes económicos, nos parece necesario volver a las fuentes de estos intercambios.

Para ello, situaremos, para empezar, el concepto de la ventaja comparativa en la historia antes de darle una definición. Luego, presentaremos el modelo, sus límites y extensiones posibles. Para finalizar, ilustraremos nuestro texto apoyándonos en una aplicación del modelo.

Historia

David Ricardo (economista inglés, 1772-1823) escribe su obra *Principios de economía política y tributación* en 1817 en un contexto económico y social difícil dominado por las *corn laws* (ley que prohíbe la importación de trigo y que es el origen del enfrentamiento entre los propietarios territoriales y los intelectuales burgueses). En su obra, David Ricardo expone la ley de ventaja comparativa.

¿SABÍAS QUE...? LAS *CORN LAWS*

Los *anticorn laws* consideran que esta ley tiene efectos negativos en la economía inglesa puesto que causa un

Definición del modelo

Para David Ricardo, conviene que el país que posea varias ventajas absolutas se especialice en el sector que para él representa comparativamente una mayor ventaja, y que el que no disponga de ninguna ventaja absoluta, concentre sus esfuerzos en el campo que ofrezca comparativamente la desventaja más pequeña. Esta ley de la ventaja comparativa permite comprender cómo el comercio puede ser mutuamente beneficioso.

TEORÍA Y PRESENTACIÓN DEL MODELO

COSTE DE OPORTUNIDAD

De la definición de la ventaja comparativa de David Ricardo resulta un concepto clave: el coste de oportunidad. El coste de oportunidad de un bien es a lo que nos prestamos a renunciar para obtenerlo. Para ilustrarlo, proponemos los dos ejemplos siguientes:

- una sesión de cine. El coste de una sesión de cine representa el coste monetario de la entrada, el tiempo necesario para llegar al cine y el tiempo que se pasa en la sala. El coste del tiempo depende de lo que habríamos hecho si no hubiéramos ido al cine. Si nos hubiéramos quedado en casa viendo la televisión, el coste sería bajo. En cambio, si en lugar de esta salida hubiéramos hecho un trabajo remunerado durante dos horas, el coste de oportunidad de la sesión de cine correspondería al dinero que habríamos ganado y al que habríamos renunciado al elegir ir al cine;
- los estudios universitarios. Los estudiantes deben pagar los costes de escolarización, los libros, el alojamiento y la alimentación. Si escogiéramos estudiar en lugar de realizar un trabajo remunerado, el coste de oportunidad de los estudios universitarios representaría el dinero que habríamos ganado y al que habríamos renunciado escogiendo ir a la universidad, así como los gastos vinculados a nuestra presencia en el campus.
- Las diferencias de coste de oportunidad entre agentes

económicos reproducen la ventaja comparativa.

La firma o el hogar que tengan el coste de oportunidad más bajo para un bien dispone de una ventaja comparativa para la producción de este bien. El productor, que se beneficia de una ventaja comparativa para la producción de un bien, lo produce, e intercambia su producción con el resto del mundo.

En general, los mercados constituyen la mejor forma de organizar el intercambio en un sistema económico. Cuando las empresas maximizan sus beneficios y los hogares sus intereses en una situación de competencia perfecta, la especialización beneficia a todos mediante el intercambio. El intercambio se explica por la necesaria división internacional del trabajo, puesto que ningún individuo ni país puede producir el conjunto de bienes y servicios que necesita. El intercambio permite así a los agentes económicos:

- especializarse en lo que hacen mejor;
- resolver el problema de la rareza;
- obtener una variedad más importante de bienes y servicios con menos coste;
- aumentar el bienestar de todos por la especialización;
- ser más eficaces gracias a la competencia internacional;
- generar economías de escala.

Por medio de los precios, la mano invisible –acciones guiadas por el interés individual, pero que pueden contribuir en el bien común– organiza la actividad económica en los mercados. Estos precios reflejan tanto el valor de los bienes como los costes de producción.

Para satisfacer nuestras necesidades, en lugar de intentar ser autónomos y autosuficientes, la observación general muestra que los individuos, las empresas y los países se especializan e intercambian con otros. La interdependencia económica es la norma, ya que enriquece al mundo.

LA TEORÍA DE LA VENTAJA COMPARATIVA EN LA HISTORIA DE LA ECONOMÍA

Debido a los medios de transporte y las estructuras de producción limitados, los intercambios se planteaban poco a menudo hasta el siglo XVIII. Entre el siglo XVI y XVII, el pensamiento económico preclásico se basaba en dos corrientes: la mercantilista y la fisiócrata. Los intercambios entre agentes económicos se percibían como un juego de suma cero: las ganancias de unos se correspondían con las pérdidas de los otros.

¿SABÍAS QUE...?

El mercantilismo es una doctrina elaborada en el siglo XVI y XVII. La idea principal y subyacente reside en el postulado de que la riqueza de un estado se constituía esencialmente de los metales preciosos (corriente del bullionismo). En este sistema, o el comercio exterior es un medio que permite acumular oro y riquezas gracias

Con la revolución industrial aparecen los excedentes de producción que se utilizarán como moneda de cambio por otras producciones a través del mundo. ya no se plantea la cuestión de exportar porque la exportación está resuelta con el modelo mercantilista; la verdadera preocupación es saber si conviene limitar las importaciones.

Adam Smith responde a esta cuestión en *La riqueza de las naciones* (1776) con su teoría de la ventaja absoluta. Esta teoría estipula que si un país posee una ventaja absoluta (bajo coste de producción de un bien a nivel internacional), este país tiene que especializarse en la producción de este bien e intercambiar su producción con otros. El intercambio encuentra así su justificación, puesto que especializándose, la producción total aumenta, los ingresos son más elevados y el nivel de vida mejora.

La ley de la ventaja absoluta de Adam Smith plantea no obstante una pregunta de una importancia capital: ¿qué ocurre con los países, empresas u hogares que no disponen de ventajas absolutas para la producción de un bien? A esta pregunta responde el principio de la ventaja comparativa de David Ricardo que se inscribe claramente en el pensamiento económico clásico.

Tras David Ricardo, John Stuart Mill (economista inglés, 1806-1873) concibe una extensión de la ley de la ventaja comparativa. En *Principios de economía política* (1848), aborda la cuestión del reparto de las ganancias en los intercambios. Afirma que el país que ganará más es el que produce los bienes más demandados.

El principal reproche que se le hace a David Ricardo es el origen de la ventaja comparativa y en la primera mitad del siglo XX nace el concepto de la dotación factorial. Los economistas neoclásicos muestran así que los países no disponen por igual de medios, factores productivos (la tierra, el capital técnico y el trabajo). Entre ellos, Eli Hecksher (1879-1952), Bertil Ohlin (1899-1979) y Paul Samuelson (1915-2009) conceptualizan el famoso teorema HOS. Según ellos, cada país debe especializarse en la producción de los bienes que tienen en cuenta las dotaciones de las que dispone en abundancia.

Raymond Vernon (economista estadounidense, 1913-1999) no queda satisfecho con la teoría de la ventaja comparativa de David Ricardo ni con el teorema HOS y elabora su teoría del ciclo de vida del producto, que forma parte de las teorías neotecnológicas, basadas en el progreso técnico para explicar la ventaja comparativa.

PRESENTACIÓN DEL MODELO DE LA VENTAJA COMPARATIVA DE DAVID RICARDO

Las hipótesis que sostienen la ley de ventajas comparativas de David Ricardo son las siguientes:

- la libertad de selección de la que disponen los agentes económicos de intercambiar o no;
- la inmovilidad a nivel internacional y la perfecta movilidad al interior de un país de los factores de producción;
- la diferencia de productividad (técnicas de producción) entre países;
- el pleno empleo de los factores de producción en cada país (ausencia de paro);
- la necesidad de tener países del mismo tamaño.

Para David Ricardo, el intercambio beneficia cuando cada uno se especializa en la producción del bien con el que tiene una ventaja comparativa, es decir, la desventaja comparativa menor.

El economista inglés ilustra este principio con ayuda del ejemplo siguiente:

Producción de vino y de tela

	Número de horas necesarias para producir	
	1 tonel de vino	100 metros de tela
Portugal	80	90
Inglaterra	120	100
Costes relativos: Portugal/Inglaterra	67%	90%

Portugal dispone de dos ventajas absolutas para la producción de los dos bienes, pero su ventaja es comparativamente más elevada con el vino y la desventaja inglesa es comparativamente menos importante para la tela.

¿Por qué le interesa a Portugal especializarse en la producción de vino y a Inglaterra en la de la tela?

- **Portugal**
  - Sin especialización, los portugueses obtendrían (80 x 100)/90 = 88,889 unidades de tela portuguesa.
  - Al especializarse, serán necesarias 170 (90 + 80) horas de trabajo para la producción de 2,125 toneles de vino ((170 x 1)/80). Esta producción servirá para intercambiar por la tela inglesa. Al especializarse en la producción de tela, los ingleses producirán 220 metros ((220 x 100)/100). Al hacer la hipótesis de que un tonel de vino se cambia por 100 metros de tela y que 100 metros de tela se cambian por un tonel de vino, los portugueses obtendrán por el intercambio 100 metros de tela inglesa.

- **Inglaterra**
  - Sin especialización, los ingleses obtendrían (100 x 1)/120 = 0,833 toneles de vino inglés.
  - Al especializarse, se necesitarán 220 horas de trabajo para la producción de 220 metros de tela ((220 x 100)/100). Esta producción servirá de medio de intercambio por el vino portugués. En consecuencia, al especializarse en la producción de vino, Portugal habrá producido 2,125 toneles. Los ingleses obtendrán por el cambio de 100 metros de tela inglesa 1 tonel de vino portugués.

Finalmente, con la especialización y el intercambio, cada país consumirá las siguientes cantidades:

- **Portugal**
  - vino: 1,125 toneles (en lugar de 1 sin intercambio)
  - tela: 100 unidades (en lugar de 100 sin intercambio)

A Portugal le favorece pues la especialización.

- **Inglaterra**
  - vino: 1 tonel (en lugar de uno sin intercambio)
  - tela: 120 unidades (en lugar de 100 sin intercambio)

La especialización también favorece a Inglaterra.

La especialización internacional permite:

- aumentar la producción total (2,125 toneles de vino por 2; 220 metros de tela por 200). La consecuencia de esta constatación es que, aunque todas las cosas se mantengan iguales, el aumento de la producción acarrea el aumento de ingresos y así el aumento del nivel de vida y del poder adquisitivo;

- economizar la mano de obra por un mismo nivel de producción: para producir 2 toneles de vino, se necesitan 160 horas en lugar de 200 ((2 x 170)/2,125) y 200 horas de trabajo para confeccionar la tela en lugar de 190 ((220 x 200)/200). La ganancia total es de 30 horas (40-10).

LÍMITES DEL MODELO Y EXTENSIONES

LÍMITES Y CRÍTICAS DEL MODELO

En ciertos casos, las ventajas conseguidas por el intercambio se pueden reducir, incluso eliminar, por un uso abusivo de la ley de David Ricardo o por una situación económica donde se justifica su aplicación con dificultad. Ilustremos nuestra idea con la problemática de las industrias emergentes y del lugar de los países subdesarrollados en el comercio internacional, las especializaciones desiguales y el comercio de bienes parecidos.

La problemática de las «industrias en la infancia» y de los países subdesarrollados en el comercio internacional

Adam Smith es el primero que propuso el problema de las «industrias en la infancia» en su obra *La riqueza de las naciones* (1776). En ella escribe que al enfrentarse a las industrias más antiguas, las jóvenes industrias pasarán más tiempo desarrollándose debido a la ausencia de las leyes proteccionistas. En esta idea percibimos una justificación de una protección temporal o de un «proteccionismo educador». Esta teoría la retomó el presidente estadounidense Ulysses Simpson Grant (1822-1885) para justificar sus medidas proteccionistas contra Reino Unido. Conviene destacar que los estudios empíricos nunca han confirmado la legitimidad de estas medidas proteccionistas.

En un contexto de mundialización de la economía y de especialización internacional, se suele aludir al «proteccionismo educador» en los países subdesarrollados. Sin protección temporal de sus industrias, estos países afirman no tener oportunidad ninguna de hacerse hueco en los intercambios internacionales. En lugar de enriquecerse con el intercambio, como prevé la teoría de David Ricardo, estos países declaran que se empobrecen como consecuencia del deterioro de los términos de intercambio. Este se produce cuando los precios de los bienes exportados aumentan más lentamente que los precios de los bienes importados. Es lo que el economista indo-estadounidense Jagdish Bhagwati (nacido en 1934) llama el crecimiento empobrecedor. Para conseguir un hueco en los intercambios internacionales, Corea (en los años sesenta y setenta), y más recientemente China, han protegido temporáneamente su mercado interior. Los países en vías de desarrollo querrán inspirarse.

Las especializaciones desiguales

Al economista inglés John Stuart Mill le debemos la idea según la cual no sirve para nada especializarse en una producción si ésta no se corresponde con la demanda mundial. Como ejemplo, para un país parece lógico especializarse hoy en los productos de alto valor añadido aunque este país tenga una ventaja comparativa en el mundo agrícola o minero. Asimismo, los países africanos, al especializarse en bienes agrícolas y mineros, no han retirado todas las ventajas del comercio debido a la inestabilidad de los precios mundiales.

El economista griego Emmanuel Arghiri (1911-2001) piensa que el comercio entre países desarrollados y países subdesarrollados favorece a los países ricos, debido a que la carga de trabajo en las exportaciones de los países pobres sería superior a la de los países ricos. El ejemplo de los intercambios entre China y Estados Unidos ilustra esta idea. Estados Unidos importa textil chino por la misma suma que China importa coches americanos, es decir, mil millones. El tiempo que China necesita para producir este textil es 10 000 horas de trabajo mientras que los coches americanos se producen en 6 000 horas de trabajo. Entonces comprobamos que una hora de trabajo en Estados Unidos corresponde a 1,66 horas de trabajo chino. Según este ejemplo, el trabajo en los países menos avanzados económicamente no se apreciaría en su justo valor.

El comercio de las similitudes

Varios observadores comprueban que la mayoría de los intercambios internacionales no son intercambios de especialización, sino intercambios de productos idénticos entre países idénticos. La idea de David Ricardo según la cual los países participan en el comercio internacional según las ventajas comparativas, se discute mucho. El economista estadounidense (y Premio Nobel de Economía) Paul Krugman (nacido en 1953) reconoce que los intercambios internacionales se basan hoy en ventajas comparativas no sólo construidas, sino también arbitrarias.

EXTENSIONES Y MODELOS CONEXOS

Muchos modelos conexos se han conceptualizado a partir de límites y críticas de la teoría de la ventaja comparativa de David Ricardo. Entre otras, citamos:

- la teoría del crecimiento empobrecedor (1958) de Jagdish Bhagwati que se muestra a favor del proteccionismo;
- la teoría del proteccionismo protector para las firmas emergentes;
- la teoría del intercambio desigual de Emmanuel Arghiri que asegura que el contenido en trabajo en las exportaciones de los países pobres es superior al de los países ricos.

APLICACIÓN DEL MODELO: EL COMERCIO INTERNACIONAL

DEFINICIONES DE LAS PALABRAS CLAVE

- Comercio internacional: conjunto de intercambios de bienes y servicios que se efectúan entre países.
- Importación: circulación de bienes y servicios entrantes en un país.
- Exportación: circulación de bienes y servicios salientes de país.
- Precio mundial: precio de un bien en vigor en el mercado internacional.
- División internacional del trabajo: repartición de las especializaciones entre individuos o países a través del mundo.
- Inputs: materias primas necesarias para la producción de un bien.

EL COMERCIO INTERNACIONAL A TRAVÉS DEL TIEMPO

El comercio internacional conoce un auge remarcable a partir de 1945 con una parte importante destinada a los productos manufacturados en los intercambios entre naciones. Después de la Segunda Guerra Mundial (1939-1945), muchos países se esforzaron en favorecer la libre circulación de bienes y servicios, ayudados por el crecimiento económico, los progresos de los medios de comunicación y la disminución de los costes de transporte. Las firmas multinacionales tuvieron en consecuencia un desarrollo importante a partir de los años sesenta y contribuyeron en la aceleración de los intercambios comerciales.

LA DIVISIÓN DEL TRABAJO Y LA ESPECIALIZACIÓN

La estructura de los intercambios y la especialización tienen su origen en la ventaja comparativa que conduce a los individuos, empresas y países a especializarse en la producción de los bienes y servicios para los que son relativamente más eficaces. La ventaja comparativa se explica por las dotaciones en factores productivos y por la tecnología acumulada a lo largo del tiempo.

El comercio internacional resulta de la división internacional del trabajo necesaria puesto que ningún país puede producir todos los bienes y servicios que necesita. De la misma forma, ningún individuo produce todos los bienes y servicios de los que le gustaría disponer. Un ingeniero trabajará en beneficio de una persona que lo remunerará en consecuencia y podrá, gracias a estos ingresos, adquirir bienes y disfrutar de servicios propuestos por otros. Lo que vale para un individuo también vale para un país.

El reparto de las especializaciones entre países a través del mundo constituye la división internacional del trabajo.

ILUSTRACIONES DE GANANCIAS EN EL INTERCAMBIO: EL MERCADO DE COCHES

Para analizar los beneficios de la interdependencia económica, vamos a considerar el ejemplo del mercado automovilístico. Vamos a comparar sucesivamente el equilibrio en autarquía con el equilibrio en el caso de una economía abierta en el mundo.

El mercado del automóvil constituye un excelente ejemplo para ilustrar los beneficios del intercambio, ya que hay por todo el mundo muchos países productores y las exportaciones de coches ocupan un volumen significante en los intercambios internacionales.

El equilibrio en la autarquía

Supongamos que un país aislado del mundo produce coches y que ninguno de sus habitantes tiene derecho a importarlos o exportarlos. Así pues, el mercado automovilístico de este país se compone de vendedores y compradores nacionales.

Esta situación se representa mediante la siguiente gráfica:

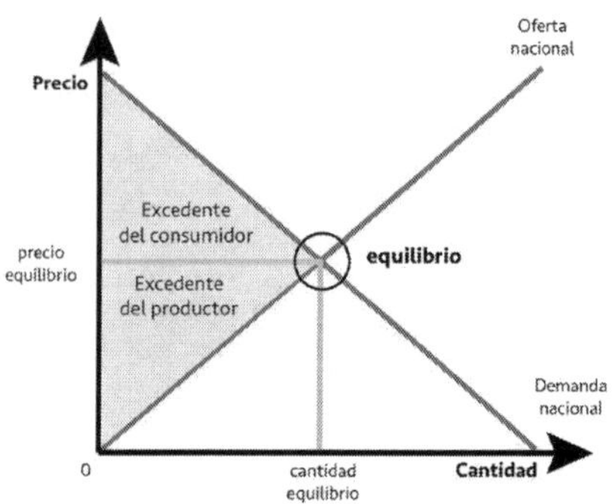

Resultados:

- el precio nacional se ajusta para equilibrar la oferta y la demanda en el país;
- la suma de los excedentes de los consumidores y de los productores ilustra el bienestar económico total que los vendedores y los compradores obtienen del intercambio.

Equilibrio con el comercio

Si el país se abriera al comercio internacional, sería o exportador o importador de coches. Los efectos del libre cambio se observan al comparar el precio nacional de los coches con el precio mundial. Si el país dispone de una ventaja comparativa en la producción de coches, el precio nacional será inferior al precio mundial y el país será un exportador de coches. En cambio, si el país experimenta una desventaja comparativa en la producción de coches, los precios nacionales serán superiores a los precios mundiales y el país será importador de coches.

Caso 1: El país es exportador de coches

Esto significa que el país se alinea en el precio mundial fijo y vende sus coches a ese precio.

Esta situación se representa mediante la siguiente gráfica:

El país es exportador de coches

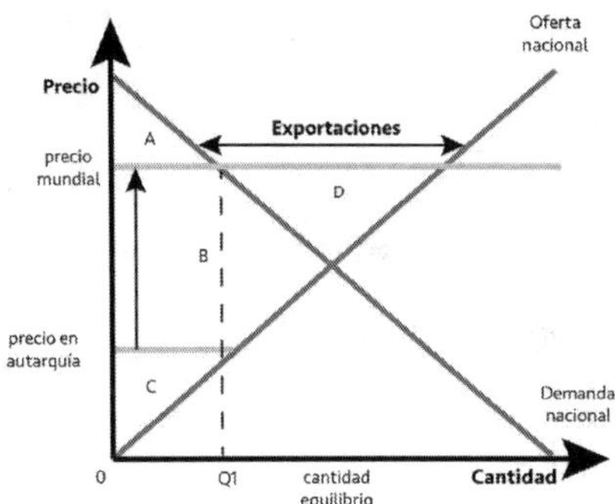

Observaciones:

- la gráfica muestra que el precio nacional está por debajo del precio mundial;
- el libre cambio aumenta el precio nacional que se alinea con el precio mundial;
- la demanda nacional es más baja que la oferta nacional y el país exporta el excedente de producción.

Ganancias y pérdidas del país exportador

Variación de excedente (exportación)

	En autarquía	Comercio internacional	Variación
Excedente del consumidor	A + B	A	- B
Excedente del productor	C	B + C + D	+ (B+D)
Excedente total	**A + B + C**	**A + B + C + D**	**+ D**

Variación (de excedente) = excedente con el comercio internacional – excedente en autarquía

Resultados:

- los productores nacionales de coches están satisfechos ya que venden sus productos a un precio más elevado;
- los consumidores domésticos están menos satisfechos ya que pagan los coches a un precio más elevado;
- la pérdida de consumidores es inferior a las ganancias de los productores;
- en conjunto, el comercio internacional aumenta el bien-

estar económico de la nación y el aumento del bienestar como consecuencia del cambio se representa en el gráfico con la zona D.

Caso 2: El país es importador de coches

Si el país importa coches, quiere decir que el precio mundial está fijo y que el país compra coches a ese precio.

Esta situación se representa mediante la siguiente gráfica:

El país es importador de coches

Observaciones:

- la gráfica nos muestra que el precio nacional es superior al precio mundial;
- el libre cambio disminuye el precio doméstico que se

alinea con el precio mundial;

- el consumo doméstico es mayor al precio mundial que al precio nacional. El país importa la diferencia.

Ganancias y pérdidas del país importador

Variación de excedente (importación)

	En autarquía	Comercio internacional	Variación
Excedente del consumidor	A	A + B + D	+ (B + D)
Excedente del productor	B + C	C	- B
Excedente total	**A + B + C**	**A + B + C + D**	**+ D**

Variación (de excedente) = excedente con el comercio internacional – excedente en autarquía

Resultados:

- los productores nacionales de coches están menos satisfechos, puesto que venden coches a un precio menos elevado;
- los consumidores nacionales están satisfechos, puesto que pueden comprar coches a un precio menos elevado;
- las pérdidas de los productores son inferiores a las ganancias de los consumidores;
- en conjunto, el comercio internacional aumenta el bienestar económico de la nación y el aumento del bienestar por el intercambio se representa en la gráfica mediante la zona D.

LAS VENTAJAS DEL INTERCAMBIO MERCANTIL

Los beneficios de la interdependencia económica son incontestables. El comercio internacional permite a los consumidores disponer de una oferta de bienes y servicios más importante que en el comercio en autarquía. El gusto por la diversidad implica también ganancias que se traducen en un aumento del poder adquisitivo. Con respecto a los productores, los intercambios les permiten encontrar nuevos mercados, procurarse inputs a menos coste, beneficiarse de economías de escala y de transferencias de tecnología. Estas conclusiones proceden de la teoría de Adam Smith desarrollada en su obra *La riqueza de las naciones*.

EN RESUMEN

- La ley de la ventaja comparativa la formalizó el economista inglés David Ricardo en 1817. Su objetivo principal es mostrar que cuando los agentes económicos escogen intercambiar libremente, el comercio beneficia mutuamente. Es rentable que cada individuo, empresa y país se especialice en la producción para la que dispone de la productividad más alta o de la menos baja en comparación con sus socios.
- El principio de David Ricardo nace en un contexto económico y social difícil marcado por las *corn laws*. Se formaliza en respuesta a la pregunta planteada por la teoría de las ventajas absolutas de Adam Smith, es decir: ¿cómo intercambiar si un país no dispone de ninguna ventaja absoluta para la producción de un bien?
- Aunque la teoría la formalizó David Ricardo, muchos economistas completaron el modelo inicial. Entre las contribuciones más notables, podemos citar la del economista John Stuart Mill (que abordó la cuestión de la repartición de las ganancias del intercambio), las de los economistas Eli Hecksher, Bertil Ohlin y Paul Samuelson mediante el teorema HOS (donde se exhorta a todos los países a especializarse en la producción de bienes que incorporan los productos de los que dispone en abundancia) y la más reciente de Raymond Vernon con su teoría del ciclo de vida (en la que asegura que el progreso técnico es la base de las ventajas comparativas).
- Entre las posibles aplicaciones de la ley de la ventaja comparativa, podemos citar el comercio internacional.

La interdependencia económica presenta beneficios irrefutables. La apertura al comercio exterior para un país genera ganancias independientemente de su competitividad nacional. El libre cambio es un argumento decisivo de los teóricos de la mundialización. Esta teoría es la base de la enseñanza de la economía internacional y es el credo oficial de la Organización Mundial del Comercio (OMC).

- Por sus hipótesis implícitas y explícitas o su aplicación abusiva, las ganancias del intercambio que resultan de la teoría de la ventaja comparativa de David Ricardo no siempre son visibles. En el caso de las «industrias en la infancia», puede justificarse un proteccionismo temporal. No sirve para nada especializarse en la producción de un bien si este no se corresponde con la demanda mundial. Finalmente, comprobamos que los intercambios internacionales se apoyan hoy en las ventajas comparativas no solo construidas, sino también arbitrarias.

- De estos límites nacieron muchas extensiones o modelos alternativos. Destacamos entre otras la teoría del crecimiento empobrecedor de Jagdish Bhagwati (teoría a favor del proteccionismo), la teoría del proteccionismo protector y la teoría del intercambio desigual de Emmanuel Arghiri (que asegura que el trabajo en la producción de los países pobres no se aprecia en su justo valor con el libre cambio).

- En relación con lo que precede, comprobamos que aunque la teoría de la ventaja comparativa de David Ricardo sea una herramienta magnífica para explicar y justificar el libre cambio, a veces conviene comparar las ganancias relacionadas con el libre comercio con las pérdidas.

PARA IR MÁS ALLÁ

FUENTES BIBLIOGRÁFICAS

* Alda, Jacques. 1996. *La mondialisation de l'économie.* París : La Découverte.
* "Analyses et prévisions économiques", en *Bureau fédéral du Plan*, consultado el 2 de mayo de 2014. http://www. plan.be/index.php?lang=fr
* Anderson, Kym. 1990. *Évolution des avantages comparatifs en Chine: effets sur les marchés de l'alimentation humaine et animale et des fibres.* París : OCDE.
* Bénichi, Régis. 2008. *Histoire de la mondialisation.* París : Vuibert.
* David, René. 1982. *L'arbitrage dans le commerce international.* París : Economica.
* Dunkel, Arthur. 1993. *Tour d'horizon de l'évolution du comerce international et du système commercial: rapport annuel du directeur général.* Ginebra : GATT.
* Forti, Agusto. 2011. *Aux origines de l'Occident: machines, bourgeoisie et capitalisme.* París : PUF, colección *Sciences, histoire et société.*
* Gréau, Jean-Luc. 2008. *La trahison des économistes.* París : Gallimard, colección *Le Débat.*
* "Les physiocrates. Laisser faire et laisser passer". *Portail de l'Économie et des Finances.* Consultado el 2 de mayo de 2014. http://www.economie.gouv.fr/facileco/ physiocrates
* Montousse, Marc. 2007. *Analyse économique et historique des sociétés contemporaines.* París: Bréal.
* Organización Mundial del Comercio. Consultado el 2 de

mayo de 2014. https://www.wto.org/indexsp.htm
- "Paul Samuelson, HOS et l'hyperspécialisation des économistes". *Expeconomics*. Consultado el 2 de mayo de 2014. http://expeconomics.blogspot.fr/2009/12/paul-samuelson-hos-et.html.
- Rainelli, Michel. 2009. *Le commerce international*. Paris: La Découverte, col. «Repères».
- Ricardo, David. 2003. *Principios de economía política y tributación*. Madrid: Pirámide.
- Stiglitz Joseph, Walsh Carl y Lafay Jean-Dominique. 2007. *Principes d'économie moderne*. Bruselas: De Boeck.
- Trappeniers, Félix. 1967. *Les avantages comparatifs dans le marché commun européen*. Lovaina: Nauwelaerts.

FUENTES COMPLEMENTARIAS

- Berger, Susan. 2006. Made in Monde. París: Seuil.
- Chavigny, Régis. 1996. *Spécialisation internationale et transition en Europe Centrale et Orientale*. París: L'Harmattan.
- Hoarau, Sylvie. 1997. *Avantages comparatifs et spécialisation internationale. Une étude économétrique des différents secteurs industriels des pays de l'OCDE*, s.l., s.n.
- Krugman, Paul. 1998. *La mondialisation n'est pas coupable. Vertus et limites du libre échange*. París: La Découverte.
- Meloux Thierry. 2008. *Analyse 360°. Pratique de l'analyse financière des entreprises*, s.l. Books on Demand.

Made in the USA
Monee, IL
07 July 2026

56545213R00022